LAROUSSE
Dictionnaire illustré

6 songs

1. Name Game
2. Tick Tock
3. What are you Wearing Today?
4. Getting There
5. Red, Yellow, Blue
6. Body Parts Song

6 chansons

7. La chanson des noms
8. Tic tac
9. Que portes-tu?
10. Comment vas-tu y aller?
11. Rouge, jaune, bleu
12. La chanson des parties du corps
13. - 18. Instrumental versions / Versions instrumentales

Pronunciation examples – Mots prononcés

19. Zoo Animals – Les animaux du zoo 20. Farm Animals – Les animaux de la ferme 21. Fruits – Les fruits 22. Vegetables – Les légumes 23. Transportation Vehicles – Les véhicules de transport 24. Colors – Les couleurs 25. Numbers – Les chiffres et les nombres 26 . Months of the Year – Les mois de l'année 27. Days of the Week – Les jours de la semaine 28. Body parts – Les parties du corps 29. Trades – Les métiers 30. Clothes – Les vêtements 31. Opposites – Les contraires 32. Kitchen Things – La cuisine 33. School Things – L'école 34. Musical Instruments – Les instruments de musique 35. Family Members – Les membres de la famille 36. Shapes – Les formes 37. Foods – Les aliments 38. The Weather – Le temps 39. Cleaning Items – Le ménage 40. The Garden – Le jardin 41. Communication – Communication

LAROUSSE

Dictionnaire illustré

Anglais-Français • Français-Anglais

LAROUSSE

Direction de la présente édition /General Editor for the French Edition
Valérie Katzaros

Adaptation française/French Adaptation
Véronique Cébal

Secrétariat d'édition/Copy preparation
Paloma Cabot

Concept
SULA

Illustrations/Characters and Art
Enrique Rivera, Laurent Blondel

Conception graphique/Design
Atelier Dominique Lemonnier

Musique et paroles/Music and Lyrics
Gershon Kingsley and Steve Lemberg

Chansons anglaises interprétées par/English Songs performed by
Steve Lemberg, Ann Dawson

Chansons françaises interprétées par/French Songs performed by
Catherine Creux

Enregistrement des chansons et des textes français réalisé par/
French songs and words recorded by
Studio Bund

Remerciements à/Special Thanks to
Christophe Salet, Maureen Peterson

Fabrication/Production Managers
Nicolas Perrier, Pascal Harbonnier

CD audio/audio CD :
© Larousse/VUEF, 2001

Composition musicale/Musical composition :
© 2000, Vashti Music, Inc, ASCAP

ISBN : 2-03-540171-2
Larousse/VUEF

Sales in the US : Larousse Kingfisher Chambers Inc., New York
Distributeur exclusif au Québec : Messageries ADP, 1751 Richardson, Montréal

N° projet : 10088294
Achevé d'imprimer par Mame à Tours
Dépôt légal : août 2001

CONTENTS • SOMMAIRE

Index

PÉDAGOGIE

Les enfants apprennent plus facilement lorsqu'on leur propose des activités amusantes, adaptées et interactives. Il en va de même pour l'initiation à une langue étrangère. Le présent ouvrage est un dictionnaire illustré anglais-français, français-anglais destiné aux enfants de 7 à 10 ans débutant en anglais. Ludique et complet, il propose un vocabulaire moderne et choisi avec soin ainsi que des activités permettant à l'enfant de s'amuser avec les mots qu'il apprend.

• Animées par des personnages colorés et vivants, seize scènes de la vie quotidienne de l'enfant suscitent son intérêt et stimulent son imagination. Les mots anglais mis en images dans les différentes scènes sont donnés avec leur traduction en français afin de rassurer l'enfant sur sa compréhension du vocabulaire. Par ailleurs, des phrases courtes lui permettent d'apprendre à s'exprimer en anglais sur des notions simples et pratiques telles que l'heure, la date, etc.

• Constamment sollicité par des activités interactives faisant appel à toutes les formes de son intelligence (mémoire visuelle, compréhension, capacité à reconnaître et à reproduire des chaînes graphiques, etc.), l'enfant peut s'amuser avec le vocabulaire qu'il acquiert.

• La mise en scène du vocabulaire est complétée par deux lexiques, anglais-français et français-anglais, qui recensent par ordre alphabétique tous les mots présents dans le dictionnaire.

• Un poster réunit d'autres représentations de la vie quotidienne dans lesquelles les personnages principaux dialoguent entre eux.

La musique est un langage universel. L'association paroles et musique est un moyen efficace pour apprendre une langue étrangère. Les chansons modernes et rythmées du CD audio, basées sur le principe de répétition des textes par l'enfant, lui permettent de mémoriser les mots en contexte et ce, de manière ludique. En outre, les mots qu'il a rencontrés dans les scènes étant regroupés par thèmes et prononcés, il peut se familiariser avec leur prononciation et s'exercer à les énoncer.

Avec ce dictionnaire novateur et interactif basé sur un apprentissage à la fois visuel et auditif, apprendre l'anglais devient vite un jeu motivant. C'est par ailleurs un outil idéal pour les parents qui souhaitent accompagner leur enfant dans cet apprentissage.

PEDAGOGY

Children learn best when the activity at hand is fun, relevant and interactive. The same is true in second language learning. This dictionary incorporates all three mentioned variables.

• Colorful and animated characters bring action and humor to sixteen, language rich, everyday life scenarios, capturing children's interest and imagination and focusing on carefully chosen up-to-date vocabulary.
• Interactive activities, found throughout the book, allow children to apply newly acquired second language skills, while reinforcing other basic learning skills such as: matching, classifying, sequencing, etc.

• The poster, with its own set of activities, further adds to the book's interactiveness and educational value.

• Relevant phrases provide working examples of the use of the language.

Music is a universal language. The use of music and lyrics is a winning combination when teaching and learning a second language. The enclosed upbeat and contemporary sing-along disk, with its six repetition-infused songs and lyric sheet, provides the necessary pronunciation modeling to both educate and motivate the learner. As the child first hears the songs and then joins in, he/she begins to acquire the new language in a most natural and interactive way. Language skills that are acquired in a non-threatening, spontaneous and fun manner will most likely be retained.

Learning a second language with this innovative and interactive dictionary becomes a challenging and fun endeavor.

MODE D'EMPLOI DU DICTIONNAIRE

Scène en couleurs représentant une situation de la vie quotidienne

Heure

Mots et phrases simples pour s'exprimer

Questions-réponses pour utiliser le vocabulaire acquis

Mots anglais mis en images avec leur traduction

Nombres

À chaque scène correspond une activité amusante dans laquelle l'enfant doit réutiliser des mots de la scène.

HOW TO USE THE DICTIONARY

Colorful scene introducing an everyday situation

Time

General reference and interactive words

Everyday phrases

English & French illustrated words

Numbers

Each scene is related to an activity where the child is asked to perform an action using the same words.

Family Tree L'arbre généalogique

- Construct your own family tree by pasting your family photos on the appropriate squares.

- Construis ton propre arbre généalogique en collant les photos de ta famille dans les cases correspondantes.

the grandmother
la grand-mère

the grandfather
le grand-père

the uncle
l'oncle

the mother
la mère

the father
le père

the brother
le frère

Arthur - Arthur
the son - le fils

Alice - Alice
the daughter - la fille

Sneakers, the pet dog
Sneakers, le chien de la famille

Cati, the pet cat
Cati, le chat de la fami

Things about me:	Qui suis-je?
hair color	couleur des cheveux ....
eye color	couleur des yeux ....
height	taille ....
weight	poids ....

Name of my school ....

Nom de mon école ....

I'm in the .... grade.

Je suis en .... (classe).

I have .... best friends.

J'ai .... très bons amis.

the cousin
le cousin/
la cousine

the aunt
la tante

the sister
la sœur

me
moi

- **This is my family**
- **Voici ma famille**

My name is ....
Je m'appelle ....
_____

I was born in ....,
on ....
at .... a.m./p.m.
(city, day, month, year,
time)

Je suis né(e) à ....,
le ....
à .... heures
du matin/de l'après-
midi/du soir.
(ville, jour, mois,
année, heure)
_____

I am .... years old.
J'ai .... ans.
_____

Things I like:
Ce que j'aime:

color	couleur ....
song	chanson ....
singer	chanteur ....
movie	film ....
book	livre ....

Things I like:
Ce que j'aime:

sport	sport ....
food	aliment ....
actor	acteur ....
actress	actrice ....

Good Morning!   Bonjour!

- **Greetings**
- **Salutations**

Hello!
Bonjour !

Good morning!
Bonjour !

Good afternoon!
Bonjour !

Good evening!
Bonsoir !

late
tard

outside
dehors

to stretch
s'étirer

to wake up
se réveiller

the bedroom
la chambre

to shave
se raser

an iron
un fer à repasser

the bed
le lit

to iron
repasser

early
tôt

sunrise
le lever du soleil

a tie
une cravate

the living room
le salon

a hose
un tuyau
d'arrosage

a sofa
un canapé

a fireplace
une cheminée

to water
arroser

plants
des plantes

a garden
un jardin

1. What is the father doing?
   The father is ....

1. Que fait le père ?
   Le père ....

2. Where is Arthur?
   Arthur is in ....

2. Où est Arthur ?
   Arthur est au ....

It is six in the morning.
Il est six heures du matin.

to sleep
dormir

fat
gros

the shower
la douche

to brush
se brosser

toothbrush
une brosse à dents

hroom
e bains

furious
furieux

a sound
un son

la sonnerie

the time
l'heure

a clock
un réveil

inside
dedans

the stairs
l'escalier

eeth
les
ents

a shovel
une pelle

soil
la terre

thin
mince

- **Greetings**
- **Salutations**

How are you?
Comment vas-tu ?

Fine,
thank you.

Bien,
merci.

3. Is Sneakers happy?
   No, Sneakers is ....

3. Sneakers est-il content ?
   Non, Sneakers est ....

4. What is Cati doing?
   Cati is ....

4. Que fait Cati ?
   Cati ....

Time to Dress L'heure de s'habiller

- **The Days of the Week**
- **Les jours de la semaine**

What day is it today?

Quel jour sommes-nous ?

Today is ....

Nous sommes ....

Sunday
dimanche

Monday
lundi

Tuesday
mardi

Wednesday
mercredi

messy
en désordre

a hat
un chapeau

a baseball bat
une batte de base-ball

a shirt
une chemise

the wall
le mur

a poster
un poster

a lamp
une lampe

the door
la porte

a pillow
un oreiller

a jacket
une veste

to dress
s'habiller

the bed
le lit

a vest
un gilet

shoes
des chaussures

a comb
un peigne

a sweater
un pull

a belt
une ceinture

a turtle
une tortue

socks
des chaussettes

beach sandals
des sandales de plage

1. What is Arthur doing?
   Arthur is ....

1. Que fait Arthur ?
   Arthur ....

2. What did Sneakers see?
   Sneakers saw a ....

2. Qu'a vu Sneakers ?
   Sneakers a vu une ....

It is seven in the morning.
Il est sept heures du matin.

a fish
un poisson

a cap
une casquette

a mirror
un miroir

a closet
un placard

a drawer
un tiroir

strong
fort

clothes
les vêtements

the dresser
la commode

pants
un pantalon

perfume
du parfum

a cat
un chat

a hairbrush
une brosse à cheveux

a blouse
un chemisier

jewelry
des bijoux

a rug
un tapis

slippers
des chaussons

a skirt
une jupe

a handbag
un sac à main

boots
des bottes

the floor
le sol

- **The Days of the Week**
- **Les jours de la semaine**

What day is it today?

Quel jour sommes-nous ?

Today is ....

Nous sommes ....

Thursday
jeudi

Friday
vendredi

Saturday
samedi

3. Does Arthur's bedroom look neat?
   No, Arthur's bedroom looks ....

3. La chambre d'Arthur est-elle en ordre ?
   Non, la chambre d'Arthur est ....

4. What is Alice wearing?
   Alice is wearing a ....

4. Que porte Alice ?
   Alice porte une........................

Breakfast   Le petit déjeuner

- **The Months of the Year**
- **Les mois de l'année**

What month is it?

Quel mois sommes-nous ?

It's ....

Nous sommes au mois de ....

January
janvier

February
février

March
mars

April
avril

May
mai

June
juin

the cabinet
le placard

closed
fermé

eggs
des œufs

a frying pan
une poêle

to cook
faire la cuisine

to drink
boire

an apron
un tablier

hot
chaud

coffee
du café

the stove
la cuisinière

the oven
le four

a spoon
une cuillère

a plate
une assiette

the knee
le genou

a fork
une fourchette

a knife
un couteau

1. What is Arthur's father drinking?
   Arthur's father is drinking ....

1. Que boit le père d'Arthur ?
   Le père d'Arthur boit ....

2. How many eggs are there?
   There are .... eggs.

2. Combien d'œufs y-a-t-il ?
   Il y a .... œufs.

It is eight in the morning.
Il est huit heures du matin.

the kitchen
la cuisine

window
fenêtre

cereal
les céréales

cold
froid

open
ouvert

un verre

a mug
une tasse

the freezer
le congélateur

kitchen sink
l'évier

a faucet
un robinet

the toaster
le grille-pain

the refrigerator
le réfrigérateur

to eat
manger

milk
lait

a bowl
un bol

a napkin
une serviette

to sweep
balayer

a chair
une chaise

a broom
un balai

a table
une table

dust
la poussière

- **The Months of the Year**
- **Les mois de l'année**

What month is it?

Quel mois sommes-nous ?

It's ....

Nous sommes au mois de ....

July
juillet

August
août

September
septembre

October
octobre

November
novembre

December
décembre

3. What is Alice doing?
   Alice is ....

3. Que fait Alice ?
   Alice ....

4. Where is Sneakers?
   Sneakers is in the ....

4. Où est Sneakers ?
   Sneakers est dans le ....

FAMILY TREE

WHAT'S MISSING?

Find the missing letter.

THE FAMILY

fa **t** her	siste **r**
un __ le	mo __ her
b __ other	a __ nt
so __	d __ ughter

L'ARBRE GÉNÉALOGIQUE

QUE MANQUE-T-IL ?

Trouve la lettre manquante.

LA FAMILLE

p **è** re	sœ **u** r
on __ le	mè __ e
f __ ère	tan __ e
f __ ls	fi __ le

GOOD MORNING!

MAKE A LIST

List ten things found in a house.

1. _____   6. _____

2. _____   7. _____

3. _____   8. _____

4. _____   9. _____

5. _____   10. _____

BONJOUR !

FAIS UNE LISTE

Cite dix choses que l'on trouve dans une maison.

1. _____   6. _____

2. _____   7. _____

3. _____   8. _____

4. _____   9. _____

5. _____   10. _____

TIME TO DRESS

FIND THE WORDS

Find the following words:
blouse, suit, shoes, shirt, dress, tie

s	c	x	a	d	z	i	h	s	r
c	u	q	o	r	t	i	e	b	o
h	i	i	b	e	k	b	w	m	a
d	u	c	t	s	d	l	b	o	h
r	g	a	f	s	e	o	y	u	d
a	f	p	j	s	l	u	g	n	s
s	h	i	r	t	f	s	v	c	x
s	h	o	e	s	t	e	f	d	r

L'HEURE DE S'HABILLER

TROUVE LES MOTS

Trouve les mots suivants : chemisier, costume, chaussures, chemise, robe, cravate

c	c	c	h	e	m	i	s	e	r
o	r	h	o	r	f	i	m	s	w
s	p	a	e	t	a	r	o	b	e
t	j	u	t	m	i	u	p	t	r
u	c	h	e	m	i	s	i	e	r
m	a	u	d	r	i	h	i	e	p
e	c	r	a	v	a	t	e	n	e
m	r	e	b	i	l	g	n	e	r
c	h	a	u	s	s	u	r	e	s

BREAKFAST

WHAT GOES TOGETHER ?

Place an X on things that go together.

plate/tree _____
garden/comb _____
spoon/cup _____
fork/bed _____
knife/glass _____
napkin/table _____
shovel/skirt _____
cereal/bowl _____
tie/chair _____
rug/hat _____

Where do the things with X belong?

They belong in the _____
bedroom, bathroom, garage, kitchen.

LE PETIT DÉJEUNER

QU'EST-CE QUI VA ENSEMBLE ?

Mets une croix en face des mots qui vont ensemble.

assiette/arbre _____
jardin/peigne _____
cuillère/tasse _____
fourchette/lit _____
couteau/verre _____
serviette/table _____
pelle/jupe _____
céréales/bol _____
cravate/chaise _____
tapis/chapeau _____

Où trouve-t-on les choses marquées d'une croix?

On les trouve dans le/la _____
chambre, salle de bains, garage, cuisine.

Off We Go!   C'est parti !

- **The Seasons of the Year**
- **Les saisons**

What season is it?
En quelle saison
sommes-nous ?

It's ....
Nous sommes
en/au ....

winter
hiver

spring
printemps

to shine
briller

the sun
le soleil

between
entre

behind
derrière

a yard
un jardin

a car
une voiture

a rake
un râteau

the mailman
le facteur

a mailbox
une boîte aux lettres

gras
l'herb

an ambulance
une ambulance

to walk
marcher

to say goodbye
dire au revoir

a backpack
un sac à dos

to ride a bicycle
rouler
à bicyclette

a wheel
une roue

1. Where is the sun?
   The sun is in the ....

2. Où est le soleil?
   Le soleil est dans le ....

2. What is Arthur riding?
   Arthur is riding a ....

2. Que fait Arthur ?
   Arthur roule à ....

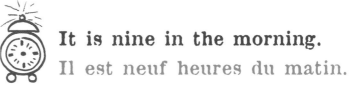

It is nine in the morning.
Il est neuf heures du matin.

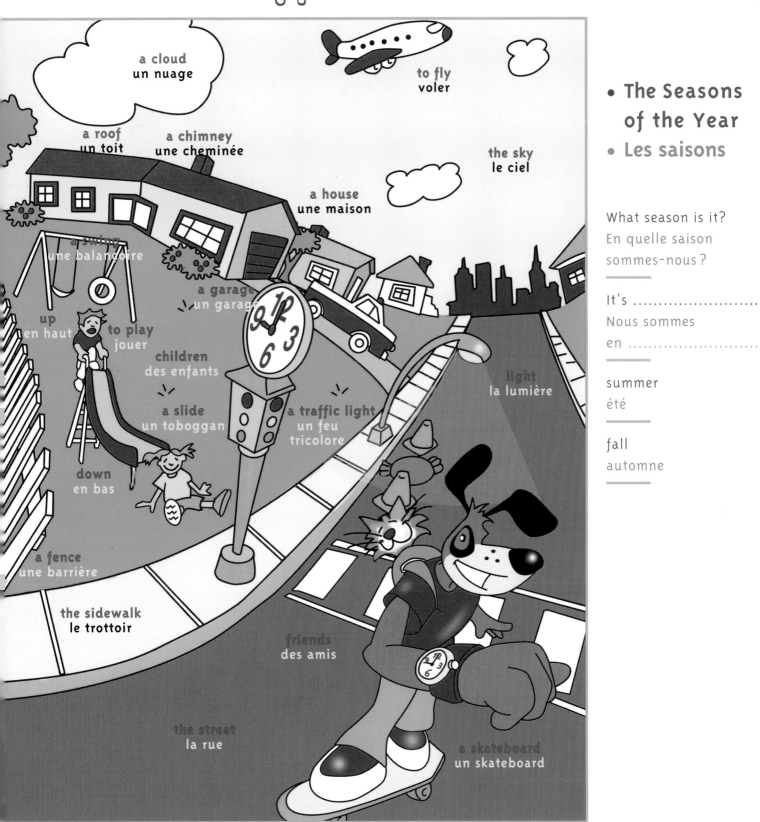

a cloud
un nuage

to fly
voler

the sky
le ciel

a roof
un toit

a chimney
une cheminée

a house
une maison

a swing
une balançoire

a garage
un garage

up
en haut

to play
jouer

children
des enfants

a slide
un toboggan

a traffic light
un feu
tricolore

light
la lumière

down
en bas

a fence
une barrière

the sidewalk
le trottoir

friends
des amis

the street
la rue

a skateboard
un skateboard

- **The Seasons of the Year**
- **Les saisons**

What season is it?
En quelle saison
sommes-nous ?

It's ....
Nous sommes
en ....

summer
été

fall
automne

3. What are the children doing?
   The children are ....

3. Que font les enfants ?
   Les enfants ....

4. Who is in Sneakers' backpack?
   The .... is in Sneakers' backpack.

4. Qui est dans le sac à dos de Sneakers ?
   Le .... est dans le sac à dos de Sneakers.

At School   À l'école

- **Writing**
- **L'écriture**

Let's write

....

Écrivons

....

a paragraph
un paragraphe

a sentence
une phrase

a word
un mot

a letter
une lettre

a triangle
un triangle

a globe
un globe

addition
l'addition

numbers
les nombres

a square
un carré

shapes
les formes

a bookshelf
une étagère

$$4 + 2$$

multiplication
la multiplication

$$2 \times 4 =$$

a circle
un cercle

the blackboard
le tableau

a computer
un ordinateur

to listen
écouter

a tape recorder
un magnétophone

the screen
l'écran

the keyboard
le clavier

students
les élèves

to learn
apprendre

to read
lire

a book
un livre

science
les sciences

a microscope
un microscope

1. Where are the children?
   The children are in ....

2. What shapes do you see?
   I see a ...., a .... and a ....

1. Où sont les enfants?
   Les enfants sont à l'.................

2. Quelles formes vois-tu?
   Je vois un ...., un .... et un ....

It's ten in the morning.
Il est dix heures du matin.

math
les maths

geography
la géographie

a continent
un continent

a map
une carte

chalk
la craie

the teacher
la maîtresse

a wastepaper
basket
une corbeille
à papier

letters
les lettres

A B
C D

a telescope
un télescope

to write
écrire

an eraser
une gomme

a pencil
un crayon

to raise
one's hand
lever
le doigt

paper
le papier

a notebook
un cahier

to think
penser

a diploma
un diplôme

to graduate
obtenir
son diplôme

- Writing
- L'écriture

Let's put

....

Mettons

....

a period
un point

a comma
une virgule

a question mark
un point d'interrogation

an exclamation point
un point d'exclamation

3. What are the children doing?
The children are ....

4. Who is standing by the map?
The .... is standing by the map.

3. Que font les enfants ?
Les enfants ....

4. Qui est debout à côté de la carte ?
La .... est debout
à côté de la carte.

Feelings   Les sentiments

- **The Five Senses**
- **Les cinq sens**

I see with my eyes.
Je vois avec les yeux.

I hear with my ears.
J'entends avec les oreilles.

water
l'eau

a tree
un arbre

a fountain
une fontaine

a parasol
un parasol

happy
heureux

afraid
effrayé

a bird
un oiseau

a leaf
une feuille

the heart
le cœur

a nest
un nid

a branch
une branche

a kiss
un baiser

angry
en colère

shy
timide

the trunk
le tronc

love
l'amour

a blanket
une couverture

ugly
laid

a frog
une grenouille

pretty
jolie

a toad
un crapaud

1. How does the toad look?
   The toad looks ....

2. What is the boy playing with?
   The boy is playing with a ....

1. Comment est le crapaud ?
   Le crapaud est ....

2. Avec quoi le garçon joue-t-il ?
   Le garçon joue avec un ....

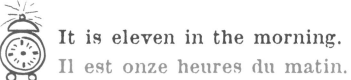

It is eleven in the morning.

Il est onze heures du matin.

a helicopter
un hélicoptère

a kite
un cerf-volant

the string
la ficelle

a bench
un banc

a tear
une larme

sad
triste

a sword
une épée

a raccoon
un raton laveur

a mouse
une souris

a friend
un ami

to be sleepy
avoir sommeil

to yawn
bâiller

a flower
une fleur

a fly
une mouche

a basket
un panier

a butterfly
un papillon

a sandwich
un sandwich

tired
fatigué

a picnic
un pique-nique

a snail
un escargot

- **The Five Senses**
- **Les cinq sens**

I taste with my tongue.

Je goûte avec la langue.

I smell with my nose.
Je sens avec le nez.

I touch with my fingers.

Je touche avec les doigts.

Who is Sneakers' friend?
The .... is Sneakers' friend.

Qui est l'ami de Sneakers ?
Le .... est l'ami de Sneakers.

4. What went into Sneakers' mouth?
A .... went into Sneakers' mouth.

4. Qu'est-ce qui est entré dans la bouche de Sneakers ?
Une .... est entrée dans la bouche de Sneakers.

The Stage   La scène

- **Musical Instruments**
- **Les instruments de musique**

Which instrument do you like to play?

De quel instrument aimes-tu jouer ?

I like to play the ....

J'aime jouer du /de la

....

clarinet
clarinette

trombone
trombone

trumpet
trompette

violin
violon

a spotlight
un projecteur

a curtain
un rideau

an angel
un ange

a scarf
une écharpe

a costume
un déguisement

to have fun
s'amuser

a harp
une harpe

a boy
un garçon

a girl
une fille

to dance
danser

the stage
la scène

the foot
le pied

a screwdriver
un tournevis

scissors
des ciseaux

an accordion
un accordéon

a guitar
une guitare

Scotch tape
du Scotch

1. What is the boy hanging?
The boy is hanging ....

2. How many children are dancing?
.... children are dancing.

1. Qu'est-ce que le garçon accroche ?
Le garçon accroche des ....

2. Combien d'enfants sont en train de danser ?
.... enfants sont en train de danser.

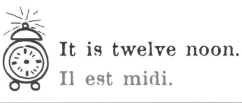

It is twelve noon.

Il est midi.

light bulbs
des ampoules

to climb
grimper

to hang
accrocher

to decorate
décorer

a ladder
une échelle

to sing
chanter

a microphone
un micro

a saw
une scie

a trumpet
une trompette

a piano
un piano

the conductor
le chef d'orchestre

a flute
une flûte

music
la musique

a hammer
un marteau

a saxophone
un saxophone

a nail
un clou

drums
une batterie

• Musical Instruments
• Les instruments de musique

Which instrument do you like to play?

De quel instrument aimes-tu jouer ?

I like to play the ....

J'aime jouer du / de la

....

drums
batterie

guitar
guitare

piano
piano

saxophone
saxophone

flute
flûte

3. What is the boy in the white shirt playing?
The boy in the white shirt is playing the ....

3. De quel instrument joue le garçon en chemise blanche ?
Le garçon en chemise blanche joue du ....

4. Who is singing?
The .... is singing.

4. Qui est en train de chanter ?
La .... est en train de chanter.

OFF WE GO!

MAKE A LIST

List ten things found outside.

1. _____ 6. _____
2. _____ 7. _____
3. _____ 8. _____
4. _____ 9. _____
5. _____ 10. _____

C'EST PARTI !

FAIS UNE LISTE

Cite dix choses que l'on trouve à l'extérieur.

1. _____ 6. _____
2. _____ 7. _____
3. _____ 8. _____
4. _____ 9. _____
5. _____ 10. _____

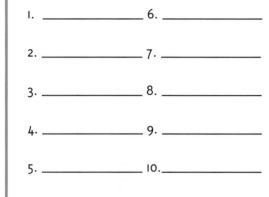

AT SCHOOL

FIND THE WORDS
Find the following words:
teacher, pencil, paper, letter, notebook

```
c p e n c i l q s
t a v l u z d y v
c p b v a k p s t
t e a c h e r j o
h r u l e r i y n
d e l e t t e r x
o w g n f m x z e
n o t e b o o k r
```

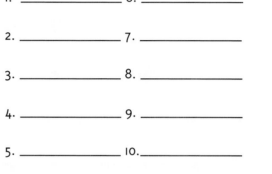

À L'ÉCOLE

TROUVE LES MOTS
Trouve les mots suivants :
maîtresse, crayon, papier, lettre, cahier

```
p a p r o s u l m
a c r a y o n e a
p a p i e r o t i
h h r s d a z t t
r i a d c v b r r
d e i t o h y e s
c r g h j e z c s
m a i t r e s s e
```

FEELINGS

WHAT'S MISSING?

Find the missing letter.

hap **p** y   sa **d**

angr __   af __aid

s __y   tir __d

ugl __   pret __y

LES SENTIMENTS

QUE MANQUE-T-IL ?

Trouve la lettre manquante.

he **u** reux   trist **e**

en c __lère   ef __rayé

ti __ide   f __tigué

la __d   j __lie

THE STAGE

WHAT GOES TOGETHER?

Place an X on things that go together.

violin/drums   _____

piano/table   _____

trumpet/wall   _____

rug/clarinet   _____

accordion/flute   _____

water/guitar   _____

saxophone/chair   _____

Where do the things with X belong?

They belong in the _____
kitchen, office, orchestra, closet.

LA SCÈNE

QU'EST-CE QUI VA ENSEMBLE?

Mets une croix en face des mots qui vont ensemble.

violon/batterie   _____

piano/table   _____

trompette/mur   _____

tapis/clarinette   _____

accordéon/flûte   _____

eau/guitare   _____

saxophone/chaise   _____

Où trouve-t-on les choses marquées d'une croix?

On les trouve dans un/une _____
cuisine, bureau, orchestre, placard.

Downtown   En ville

- **Jobs**
- **Les métiers**

What do you want to be?

Qu'est-ce que tu veux faire plus tard ?

I want to be ....

Je veux être ....

an artist
artiste

a pilot
pilote

a lawyer
avocat

an architect
architecte

to burn
brûler
a building
un bâtiment

les flammes

a fire engine
un camion
de pompiers

a firefighter
un pompier

a dog
un chien

the police station
le commissariat
de police

a store
un magasin

the city
la ville

big
grand

new
nouveau

first
premier

victory
la victoire

a race
une course

to win
gagner

a train
un train

an engineer
un conducteur de train

1. **What is burning?**
   The .... is burning.

1. **Qu'est-ce qui brûle ?**
   Le .... brûle.

2. **Who is arresting the robber?**
   The .... is arresting the robber.

2. **Qui arrête le voleur ?**
   Le .... arrête le voleur.

It is one in the afternoon.

Il est une heure de l'après-midi.

the post office
la poste

a flag
un drapeau

a car
une voiture

to fix
réparer

the engine
le moteur

a mechanic
un mécanicien

the corner
le coin

a police car
une voiture de police

to arrest
arrêter

a robber
un voleur

a police officer
un policier

a star
une étoile

stop
arrêter

a motorcycle
une moto

a painter
un peintre

to stir
remuer

to paint
peindre

paint
la peinture

• **Jobs**
• **Les métiers**

What do you want to be?

Qu'est-ce que tu veux faire plus tard ?

I want to be ....

Je veux être ....

a doctor
médecin

a dentist
dentiste

a teacher
professeur

a photographer
photographe

3. What is the mechanic fixing?
The mechanic is fixing the ....

3. Que répare le mécanicien ?
Le mécanicien répare la ....

4. Where is the star?
The star is on the ....

4. Où est l'étoile ?
L'étoile est sur la ....

At the Zoo　Au zoo

- **Animals**
- **Les animaux**

Which is your favorite animal?

Quel est ton animal préféré ?

My favorite animal is

....

Mon animal préféré est

....

the camel
le chameau

the goose
l'oie

the hippopotamus
l'hippopotame

the horse
le cheval

the kangaroo
le kangourou

the snake
le serpent

a bear
un ours

fire
le feu

to jump
sauter

a seal
un phoque

a tiger
un tigre

balloons
des ballons

a man
un homme

a child
un enfant

an ice cream
une glace

an ice cream
vendor
un marchand
de glaces

a lion
un lion

to be hungry
avoir faim

a gorilla
un gorille

furious
furieux

to cross
traverse

a bridge
un pont

a banana
une banane

1. What is the man selling?
   The man is selling ....

1. Que vend le monsieur ?
   Le monsieur vend des ....

2. Who is jumping through fire?
   The .... is jumping through fire.

2. Qui saute à travers le feu ?
   Le .... saute à travers le feu.

It is two in the afternoon.
Il est deux heures de l'après-midi.

to hide
se cacher

long
long

people
des gens

to wait
attendre

a rhinoceros
un rhinocéros

a giraffe
une girafe

to escape
fuir

fast
rapide

to chase
poursuivre

danger
le danger

an oar
une rame

several
plusieurs

a boat
un bateau

an alligator
un alligator

penguins
des pingouins

ducks
des canards

huge
énorme

on
sur

small
petit

under
sous

an elephant
un éléphant

- **Animals**
- **Les animaux**

Which is your favorite animal?

Quel est ton animal préféré ?

My favorite animal is

....

Mon animal préféré est

....

the lamb
l'agneau

the monkey
le singe

the ostrich
l'autruche

the peacock
le paon

the zebra
le zèbre

the wolf
le loup

3. Which animal has a long neck?
   The .... has a long neck.

3. Quel animal a un long cou ?
   La .... a un long cou.

4. Where is Alice sitting?
   Alice is sitting on the ....

4. Où Alice est-elle assise ?
   Alice est assise sur l'.....................

Shopping   Les courses

- **Fruits and Vegetables**
- **Les fruits et légumes**

What are you going to buy?

Qu'est-ce que tu vas acheter ?

I'm going to buy ......

....

Je vais acheter ....

....

apples
des pommes

cherries
des cerises

potatoes
des pommes de terre

carrots
des carottes

fish
poisson

chicken
poulet

beef
bœuf

a shelf
une étagère

cans
des boîtes de conserve

meat
viande

delicious
délicieux

bones
des os

lemons
des citrons

few
peu

a grocery cart
un Caddie

many
beaucoup

full
plein

to pay
payer

nothing
rien

a lady
une dame

we
mou

1. Where is Sneakers?
   Sneakers is at the ....

2. What does Sneakers need to do?
   Sneakers needs to ....

1. Où est Sneakers ?
   Sneakers est au ....

2. Que doit faire Sneakers ?
   Sneakers doit ....

It is three in the afternoon.
Il est trois heures de l'après-midi.

thirty-one

31

trente et un

Sports Les sports

- **The Weather**
- **Le temps**

What is the weather like?

Quel temps fait-il ?

It's ....

Il fait ....

hot
chaud

cold
froid

high
haut

la lune

heavy
lourd

basketball
le basket-ball

Larousse

to shoot
tirer

the winner
le gagnant

a trophy
un trophée

to play
jouer

the net
les filets

a spider
une araignée

a ball
un ballon

to run
courir

a bottle
une bouteille
to be thirsty
avoir soif

la langue

ready
prêt

a game
un match

1. Who has a whistle?
   The .... has a whistle.

1. Qui a un sifflet ?
   L' .... a un sifflet.

2. What is Sneakers holding?
   Sneakers is holding a ....

2. Que tient Sneakers ?
   Sneakers tient un ....

It is four in the afternoon.

Il est quatre heures de l'après-midi.

a stadium
un stade

light
léger

the scoreboard
le tableau
d'affichage

4:00 pm

2   0

la foule

crier

ticket
quette

soda
une
boisson
gazeuse

to sit
s'asseoir

to sell
vendre

ice
la glace

a coach
un entraîneur

whistle
n sifflet

a hotdog
un hot dog

the referee
l'arbitre

soccer
le football

to kick
shooter

the field
le terrain

The Weather
Le temps

What is the weather like?

Quel temps fait-il ?

It's ....

Le temps est ....

cloudy
nuageux

rainy
pluvieux

sunny
ensoleillé

3. What is Arthur playing?
   Arthur is playing ....

3. À quoi joue Arthur ?
   Arthur joue au ....

4. What did Arthur kick?
   Arthur kicked the ....

4. Dans quoi Arthur a-t-il shooté ?
   Arthur a shooté dans le ....

DOWNTOWN
WHAT'S MISSING?
Find the missing letter.

VEHICLES

ca **r**   tr **a** in
bu __   airp __ ane
helic __ pter   bicy __ le
sh __ p   amb __ lance
motorc __ cle   tru __ k

EN VILLE
QUE MANQUE-T-IL ?
Trouve la lettre manquante.

VÉHICULES

voit **u** re   tr **a** in
auto __ us   avi __ n
hélico __ tère   bic __ clette
bate __ u   ambul __ nce
m __ to   ca __ ion

AT THE ZOO
MAKE A LIST
List eight zoo animals.

1. _____   5. _____
2. _____   6. _____
3. _____   7. _____
4. _____   8. _____

AU ZOO
FAIS UNE LISTE
Cite huit animaux du zoo.

1. _____   5. _____
2. _____   6. _____
3. _____   7. _____
4. _____   8. _____

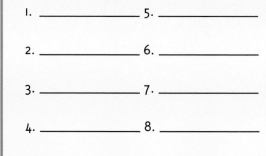

SHOPPING

WHAT GOES TOGETHER?

Place an X on things that go together.

milk/soil ____   ham/cheese ____
cloud/apple ____   pear/corn ____
curtain/plants ____   carrots/cat ____
fruit/sofa ____   pillow/beef ____
bone/grass ____   celery/lettuce ____

Where do the things with X belong?

They belong in the _____
supermarket, post office, hospital, garden.

LES COURSES

QU'EST-CE QUI VA ENSEMBLE?

Mets une croix en face des mots qui vont ensemble.

lait/terre ____   jambon/fromage ____
nuage/pomme ____   poire/maïs ____
rideau/plantes ____   carottes/chat ____
fruit/canapé ____   oreiller/bœuf ____
os/herbe ____   céleri/laitue ____

Où trouve-t-on les choses marquées d'une croix?

On les trouve _____
au supermarché, à la poste, à l'hôpital, au jardin.

SPORTS

FIND THE WORDS

Find the following words:
soccer, game, flag, trophy, referee, field

```
u  x  p  j  t  t  z  f
r  e  f  e  r  e  e  i
r  q  c  f  o  o  g  e
f  g  e  l  p  p  y  l
r  a  k  a  h  h  a  d
l  m  z  g  y  y  v  x
y  e  s  o  c  c  e  r
c  s  u  k  z  n  t  e
```

LES SPORTS

TROUVE LES MOTS

Trouve les mots suivants :
football, match, drapeau, trophée, arbitre, terrain

```
f  a  r  d  u  r  i  e
o  t  e  r  r  a  i  n
o  r  g  a  v  i  r  e
t  r  o  p  h  e  e  z
b  x  t  e  n  u  e  b
a  j  m  a  t  c  h  o
l  i  s  u  d  r  e  u
l  a  r  b  i  t  r  e
```

At the Hospital   À l'hôpital

- **Body Parts**
- **Les parties du corps**

Name some body parts.

Cite quelques parties du corps.

the face
le visage

the neck
le cou

the back
le dos

the elbow
le coude

the foot
le pied

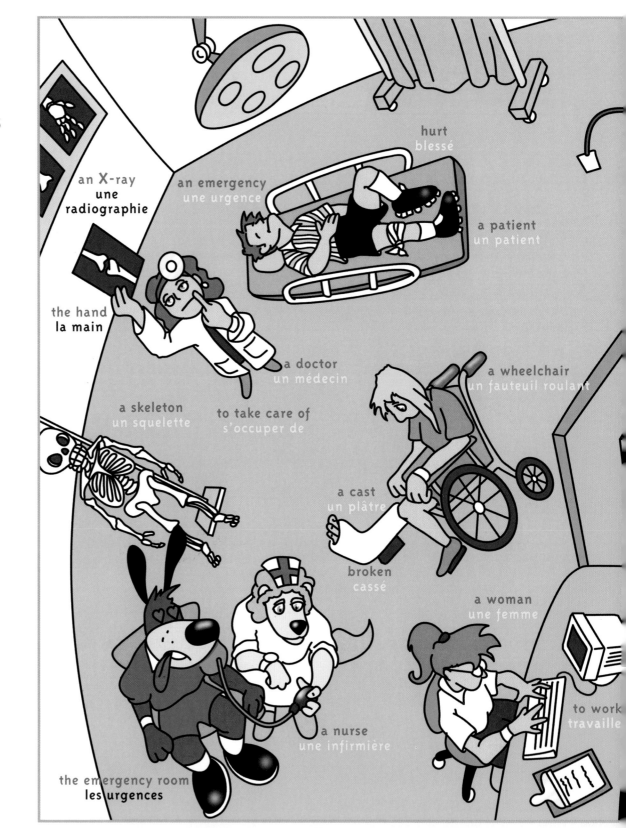

an X-ray
une
radiographie

an emergency
une urgence

hurt
blessé

a patient
un patient

the hand
la main

a doctor
un médecin

a wheelchair
un fauteuil roulant

a skeleton
un squelette

to take care of
s'occuper de

a cast
un plâtre

broken
cassé

a woman
une femme

to work
travaille

a nurse
une infirmière

the emergency room
les urgences

1. Where is Arthur?
   Arthur is at the ....

2. Who is taking care of Arthur?
   The .... is taking care of Arthur.

1. Où est Arthur ?
   Arthur est à l' ....

2. Qui s'occupe d'Arthur ?
   Le .... s'occupe d'Arthur.

It is five in the afternoon.
Il est cinq heures de l'après-midi.

blood
le sang

the body
le corps

the brain
le cerveau

the arm
le bras

the heart
le cœur

the stomach
l'estomac

the fingers
les doigts

the leg
la jambe

the intestine
l'intestin

the kidneys
les reins

the head
la tête

worried
inquiet

a magazine
un magazine

to cry
pleurer

to enter
entrer

the rope
la corde

a glove
un gant

to water-ski
faire du ski nautique

pain
la douleur

a surgeon
un chirurgien

the waiting room
la salle d'attente

• Body Parts
• Les parties du corps

Name some body parts.

Cite quelques parties du corps.

the wrist
le poignet

the hip
la hanche

the thigh
la cuisse

the knee
le genou

the ankle
la cheville

3. What is Sneakers doing?
   Sneakers is ....

3. Que fait Sneakers?
   Sneakers ....

4. What is Cati doing?
   Cati is ....

4. Que fait Cati?
   Cati ....

At the Airport À l'aéroport

- **Things**
- **Les objets**

What will you put in your suitcase?

Que vas-tu mettre dans ta valise?

I will put

....

Je vais mettre

....

a coat
un manteau

an umbrella
un parapluie

a calculator
une calculette

gloves
des gants

the terminal
l'aérogare

the schedule
les horaires

Welcome

Bienvenue

loud
fort

an engine
un réacteur

to take off
décoller

smoke
la fumée

speed
la vitesse

an airport
un aéroport

to drive
conduire

slow
lent

a ticket
un billet

a passenger
un passager

to leave
partir

to hug
somebody
serrer
quelqu'un
dans ses bras

a counter
un comptoir

light
léger

to carry
porter

a passport
un passeport

to travel
voyager

a stroller
une poussette

a suitcase
une valise

to lift
soulever

heavy
lourd

a baby
un bébé

1. Who rides on airplanes?
   .... ride on airplanes.

2. Where do airplanes land?
   Airplanes land on ....

1. Qui prend l'avion?
   Les .... prennent l'avion.

2. Où les avions atterrissent-ils?
   Les avions atterrissent sur les ....

It is six in the evening.

Il est six heures du soir.

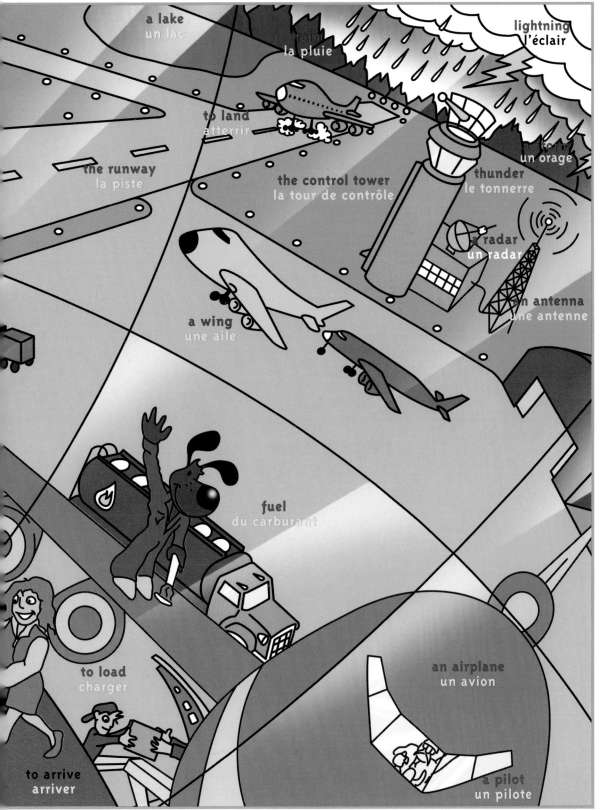

• Things

• Les objets

What will you put in your suitcase?

Que vas-tu mettre dans ta valise ?

I will put

....

Je vais mettre

....

soap
du savon

a dictionary
un dictionnaire

a bathing suit
un maillot de bain

shampoo
du shampooing

3. Is an airplane light or heavy?
An airplane is ....

3. Un avion, c'est lourd ou léger ?
Un avion, c'est ....

4. What are the people carrying?
The people are carrying ....

4. Que portent les gens ?
Les gens portent des ....

Birthday Party   L'anniversaire

- **Gifts**
- **Les cadeaux**

What do you want for your birthday?

Que veux-tu pour ton anniversaire?

I want ....

Je veux ....

a toy
un jouet

a doll
une poupée

a game
un jeu

a vase
un vase

a radio
une radio

brown
marron

chicken
du poulet

to take a picture
prendre une photo

camera
un appareil photo

black
noir

to hold
tenir

purple
violet

jealous
jaloux

a sofa
un canapé

a tablecloth
une nappe

yellow
jaune

the telephone
le téléphone

white
blanc

a gift
un cadeau

1. What is Arthur going to blow out?
   He is going to blow out the ....

2. Why is Arthur getting gifts?
   Because it is his ....

1. Que va souffler Arthur?
   Il va souffler les ....

2. Pourquoi Arthur reçoit-il des cadeaux?
   Parce que c'est son ....

It is seven in the evening.
Il est sept heures du soir.

to celebrate
fêter

red
rouge

to laugh
rire

to blow
out
souffler

a cake
un
gâteau

salt
le sel

pepper
le poivre

bread
du pain

candles
des bougies

a
smile
un
sourire

orange
orange

blue
bleu

the office
le bureau

a desk
un bureau

juice
du jus
de fruit

food
la nourriture

dinner
le
dîner

to applaud
applaudir

a salad
une salade

green
vert

a box
une
boîte

a party
une fête

pink
rose

a TV set
un poste
de
télévision

• Gifts
• Les cadeaux

What do you want for
your birthday?

Que veux-tu pour ton
anniversaire ?

I want ....

Je veux ....

a pen
un stylo

a watch
une montre

a necklace
un collier

3. How does Sneakers feel?
Sneakers feels ....

3. Comment est Sneakers ?
Sneakers est ....

4. What is Arthur's father doing?
He is ....

4. Que fait le père d'Arthur ?
Il ....

See You!   Au revoir!

- **Going on Vacation**
- **Partir en vacances**

Where would you like to go for your vacation?

Où aimerais-tu aller en vacances ?

I want to go to
....

Je veux aller à

....

the seaside
la mer

the mountains
la montagne

the countryside
la campagne

a tent
une tente

fire
le feu

a barn
une grange

snow
la neige

to ski
skier

the rearview mirror
le rétroviseur

the windshield wipers
les essuie-glaces

the steering wheel
le volant

to dri
condu

a headlight
un phare

a tire
un pneu

the bumper
le pare-chocs

1. Where is the family going?
   The family is going on ....

1. Où part la famille ?
   La famille part en ....

2. What is the father doing?
   The father is ....

2. Que fait le père ?
   Le père ....

It is eight in the evening.
Il est huit heures du soir.

- **Saying Goodbye**
- **Dire au revoir**

Thanks for everything!
Merci pour tout !

Take care!
Prenez soin de vous !

I'll miss you!
Tu vas me manquer !

See you soon!
À bientôt !

3. **What did the father catch?**
   The father caught a ....

3. Qu'a attrapé le père ?
   Le père a attrapé un ....

4. **What is Sneakers doing?**
   Sneakers is ....

4. Que fait Sneakers ?
   Sneakers ....

AT THE HOSPITAL

WHAT'S MISSING?

Find the missing letter.

BODY PARTS

fa **c** e	l **e** g
no __ e	ar __
tong __ e	e __ e
fin __ er	nec __
kne __	ea __
mou __ h	ank __ e
ha __ d	wri __ t
hai __	foo __
sto __ ach	hi __
bac __	elbo __

À L'HÔPITAL

QUE MANQUE-T-IL ?

Trouve la lettre manquante.

LES PARTIES DU CORPS

vi **s** age	jamb **e**
ne __	b __ as
lang __ e	œ __ l
d __ igt	c __ u
ge __ ou	ore __ lle
bo __ che	chevi __ le
ma __ n	poig __ et
che __ eux	pi __ d
esto __ ac	h __ nche
d __ s	co __ de

AT THE AIRPORT

WHAT GOES TOGETHER?

Place an X on things that go together.

pilot/ticket	____
house/runway	____
airport/trip	____
suitcase/butterfly	____
toaster/passenger	____

Where do the things with X belong?

They belong in the _____
zoo, supermarket, river, airport.

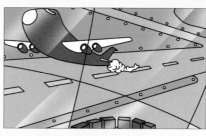

À L'AÉROPORT

QU'EST-CE QUI VA ENSEMBLE?

Mets une croix en face des mots qui vont ensemble.

pilote/billet	____
maison/piste	____
aéroport/voyage	____
valise/papillon	____
grille-pain/passager	____

Où trouve-t-on les choses marquées d'une croix?

On les trouve _____
au zoo, au supermarché, dans la rivière, à l'aéroport.

BIRTHDAY PARTY
MAKE A LIST

List ten foods you like to eat.

1. _____ 6. _____

2. _____ 7. _____

3. _____ 8. _____

4. _____ 9. _____

5. _____ 10. _____

L'ANNIVERSAIRE
FAIS UNE LISTE

Cite dix aliments que tu aimes manger.

1. _____ 6. _____

2. _____ 7. _____

3. _____ 8. _____

4. _____ 9. _____

5. _____ 10. _____

SEE YOU!
FIND THE WORDS

Find the following words:
beach, sand, river, canoe, towel, ocean.

```
t  v  b  c  b  q  r  t  u
d  s  e  r  i  v  e  r  f
e  c  a  n  o  e  z  f  r
m  t  c  n  a  p  g  y  o
j  o  h  t  d  s  u  n  h
i  w  u  m  l  x  o  m  l
k  e  h  o  c  e  a  n  c
k  l  w  x  z  v  a  y  e
o  x  p  s  b  t  c  l  u
```

AU REVOIR !
TROUVE LES MOTS

Trouve les mots suivants :
plage, sable, rivière, canoë, serviette, océan.

```
a  n  o  r  d  o  i  h  a
b  i  c  r  i  c  a  n  o
s  e  r  v  i  e  t  t  e
a  l  i  b  r  a  t  z  e
b  a  v  c  a  n  o  e  s
l  o  i  s  i  m  a  v  z
e  h  e  p  l  a  g  e  t
v  i  r  u  p  f  m  a  u
x  o  e  p  s  t  b  c  l
```

Dans l'index, les verbes sont en gras et les adjectifs en italique. Les numéros de page sont donnés après chaque mot pour indiquer la page à laquelle ils se trouvent dans le dictionnaire. La lettre « P » signifie que le mot figure sur le poster.

A

B

C

D

E

F

G

H

I

J

K

L

M

R

S

T

Index

U·V·W

X·Y·Z

In the index verbs are shown in bold and adjectives in italics. Page numbers are given at each word to show where to find the word in the dictionary. The letter "P" indicates that the word can be found on the poster.

c

D

E

Q

R

S

T

U·V

W·X·Y·Z

Good Morning! Bonjour! pp 8-9
| 1. shaving | 2. bed | 3. furious | 4. sleeping |
| 1. se rase | 2. lit | 3. furieux | 4. dort |

Time to Dress L'heure de s'habiller pp 10-11
| 1. dressing | 2. turtle | 3. messy | 4. skirt |
| 1. s'habille | 2. tortue | 3. en désordre | 4. jupe |

Breakfast Le petit déjeuner pp 12-13
| 1. coffee | 2. ten | 3. eating | 4. freezer |
| 1. du café | 2. dix | 3. mange | 4. congélateur |

Off We Go! C'est parti ! pp 16-17
| 1. sky | 2. bicycle | 3. playing | 4. cat |
| 1. ciel | 2. bicyclette | 3. jouent | 4. chat |

At School À l'école pp 18-19
| 1. school | 2. triangle, square, circle | 3. learning | 4. teacher |
| 1. école | 2. triangle, carré, cercle | 3. apprennent | 4. maîtresse |

Feelings Les sentiments pp 20-21
| 1. ugly | 2. kite | 3. raccoon | 4. fly |
| 1. laid | 2. cerf-volant | 3. raton laveur | 4. mouche |

The Stage La scène pp 22-23
| 1. light bulbs | 2. two | 3. saxophone | 4. girl |
| 1. ampoules | 2. deux | 3. saxophone | 4. fille |

Downtown En ville pp 26-27
| 1. building | 2. police officer | 3. car | 4. police car |
| 1. bâtiment | 2. policier | 3. voiture | 4. voiture de police |

At the Zoo Au zoo pp 28-29
| 1. ice cream | 2. tiger | 3. giraffe | 4. elephant |
| 1. glaces | 2. tigre | 3. girafe | 4. éléphant |

Shopping Les courses pp 30-31
| 1. supermarket | 2. pay | 3. grocery cart | 4. limes |
| 1. supermarché | 2. payer | 3. Caddie | 4. citrons verts |

Sports Les sports pp 32-33
| 1. referee | 2. trophy | 3. soccer | 4. ball |
| 1. arbitre | 2. trophée | 3. football | 4. ballon |

At the Hospital À l'hôpital pp 36-37
| 1. hospital | 2. doctor | 3. crying | 4. water-skiing |
| 1. hôpital | 2. médecin | 3. pleure | 4. fait du ski nautique |

At the Airport À l'aéroport pp 38-39
| 1. Passengers | 2. runways | 3. heavy | 4. suitcases |
| 1. passagers | 2. pistes | 3. lourd | 4. valises |

Birthday Party L'anniversaire pp 40-41
| 1. candles | 2. birthday | 3. jealous | 4. taking a picture |
| 1. bougies | 2. anniversaire | 3. jaloux | 4. prend une photo |

See You! Au revoir! pp 42-43
| 1. vacation | 2. driving | 3. fish | 4. dreaming |
| 1. vacances | 2. conduit | 3. poisson | 4. rêve |